BEI GRIN MACHT SICH IHR WISSEN BEZAHLT

AF141170

- Wir veröffentlichen Ihre Hausarbeit, Bachelor- und Masterarbeit

- Ihr eigenes eBook und Buch - weltweit in allen wichtigen Shops

- Verdienen Sie an jedem Verkauf

Jetzt bei www.GRIN.com hochladen und kostenlos publizieren

Digitale Ökosysteme in der Modebranche. Anwendungsbeispiele und Möglichkeiten

GRIN

Bibliografische Information der Deutschen Nationalbibliothek:

Die Deutsche Nationalbibliothek verzeichnet diese Publikation in der Deutschen Nationalbibliografie; detaillierte bibliografische Daten sind im Internet über http://dnb.d-nb.de abrufbar.

ISBN: 9783346976307
Dieses Buch ist auch als E-Book erhältlich.

© GRIN Publishing GmbH
Trappentreustraße 1
80339 München

Druck und Bindung: Books on Demand GmbH, Norderstedt Germany
Gedruckt auf säurefreiem Papier aus verantwortungsvollen Quellen

Das Buch bei GRIN: https://www.grin.com/document/1390979

DIGITALE ÖKOSYSTEME UND PLATTFORM-ÖKONOMIE

Anwendungsbeispiele & Möglichkeiten digitaler Ökosysteme in der Modebranche

Strategisches Management – 5. Semester

Inhaltsverzeichnis

1. Einleitung

Durch die sich stetig entwickelnde Digitalisierung und Industrialisierung entstehen immer wieder neue Techniken und damit Herausforderungen und Chancen für Unternehmen. Ein Teil dieses Fortschrittes sind digitale Ökosysteme. Sie sind das Ergebnis einer digitalisierten Welt und eine neue Form der Zusammenarbeit von Unternehmen. Hierdurch entstehen sogenannte Megatrends, welche vom Zukunftsinstitut auf der sogenannten Megatrend – Map dargestellt werden. Zwei dieser Megatrends sind „New Work" und „Konnektivität". Als korrelierender Sub Trend in diesen beiden Bereich finden sich die Plattformökonomie und auch „digitale Ökosysteme".[1] Im Rahmen dieser Hausarbeit wurde auch ein Interview mit Dr. Sebastian Heger geführt, welcher als Berater für den IoT-Dienstleister tresmo tätig ist. Die folgende Hausarbeit befasst sich mit dem Thema digitaler Ökosysteme im Kontext der Industrialisierung 5.0. Insbesondere stehen hier Anwendungsmöglichkeiten und eine exemplarische Darstellung in der Konsum- und Textilbranche im Fokus, sowie die Chancen und Risiken für Textilunternehmen. Im ersten Teil wird zunächst die Funktionsweise digitaler Ökosysteme erläutert. Hierbei wird erarbeitet, was genau ein digitales Ökosystem ist und wo es Anwendung findet. Außerdem wird sich mit der Theorie zu digitalen Ökosystem befasst.

Der zweite Teil der Ausarbeitung befasst sich mit dem Kontext und den Entwicklungen der Digitalisierung und Industrialisierung 4.0 und 5.0. Hier werden zunächst die Entwicklung der Industrie seit dem Jahr 1960 aufgezeigt und der technische Fortschritt behandelt. Außerdem behandelt dieser Teil auch den aktuellen Status und die derzeitigen Entwicklungen der Technik.

Im dritten Teil wird eine Branchenstrukturanalyse erstellt und mit den Ergebnissen dieser Analyse dann eine Analyse der Stärken, Schwächen, Möglichkeiten und Chancen, (SWOT-Analyse) für ein repräsentatives Unternehmen innerhalb der Textilbranche erstellt. Außerdem erörtert dieser Abschnitt der Hausarbeit auch die Chancen und Risiken innerhalb des Marktes digitaler Ökosysteme. Hierbei werden auch Inhalte aus dem Interview mit Dr. Sebastian Heger mit einbezogen.

In dem letzten Abschnitt der Arbeit werden die Erkenntnisse in Form eines Praxisbeispiels angewandt und eine mögliche Strategie für ein beispielhaftes Unternehmen erarbeitet. Diese Strategie ist rein theoretisch.

---

[1] Vgl. Zukunftsinstitut, o.D.

2 Grundlagen der digitalen Ökosysteme

Während herkömmliche Unternehmen versuchen, ihren Markt vor anderen Unternehmen abzuschotten, findet seit der Einführung des Internets vermehrt gemeinsamer Handel auf digitalen Plattformen statt. Diese modernen Plattformunternehmen sind erst in den vergangenen Jahren entstanden und bieten eine Handelsplattform für andere Unternehmen.[2] In den folgenden Kapiteln werden zunächst Definitionen von solchen digitalen Ökosystemen erarbeitet. Hiernach werden die theoretischen Grundlagen und die Funktionsweisen dieser digitalen Ökosysteme dargestellt und erarbeitet.

2.1 Definition

Im Folgenden werden zunächst die Definitionen digitaler Ökosysteme erarbeitet. Hierbei gibt es aber keine einheitlichen Definitionen. Die verschiedenen Ansätze nach dem Fraunhofer-Institut für experimentelles Softwareengineering (im Folgenden Fraunhofer-IESE) und dem World Economic Forum werden nachfolgend erläutert. Das Fraunhofer-IESE ist eine Forschungseinrichtung im Bereich der Software- und Systementwicklungsmethoden. Das World Economic Forum ist eine unabhängige Nonprofit-Organisation mit Sitz in Genf, Schweiz. Forschungsthemen sind hier Agenden in Bezug auf Unternehmertum und Zusammenarbeit zwischen öffentlichen und privaten Organisationen mit dem Sinn, diese zu gestalten und zu formen.

2.1.1 Definition nach dem Fraunhofer-IESE

Zunächst muss eine klare Begriffsabgrenzung zwischen den beiden Begriffen „digitale Ökosysteme" und „Plattformökonomie" erfolgen. Die beiden Begriffe „digitale Ökosysteme" und „Plattformökonomie" werden im Kontext einer Zusammenarbeit von Unternehmen, insbesondere IT-Dienstleistern, verwendet. Hierbei stellt der Begriff der „Plattform-Ökonomie" zunächst einen Obergriff für einen Handel auf einer Handelsplattform dar, welcher nur ein Prinzip im wirtschaftlichen Kontext beschreibt.[3]

Laut Fraunhofer-IESE ist ein digitales Ökosystem ein sozio-technisches System. Kennzeichen für ein solches System ist, dass die Mitbewerber unabhängig voneinander auf dem jeweiligen Markt agieren. Auf einer digitalen Plattform agieren diese Mitbewerber dann aufgrund eines gegenseitigen Nutzens voneinander. Es gibt jeweils ein Unternehmen, welches die digitale

---

[2] Vgl. Jacobides, Sundararajan, van Alyne, Deloitte (2019), S.8
[3] Vgl. Naab, 2021

Plattform und damit die Rahmenbedingungen schafft, innerhalb welcher die Marktteilnehmer agieren können.[4]

Dies bedeutet, dass, laut dem Fraunhofer-IESE, ein digitales Ökosystem eine Plattformökonomie darstellt bzw. innerhalb einer solchen agiert, jedoch nicht jede Plattformökonomie gleichbedeutend mit einem digitalen Ökosystem ist.

2.1.2 Definition nach dem World Economic Forum

Das World Economic Forum nähert sich der Definition von der biologischen Seite. Als ein Ökosystem wird ein organisches System beschrieben, in welchem strukturelle Veränderungen und sich abzeichnende Möglichkeiten, die nicht durch das Bestehende abgedeckt werden, von demjenigen genutzt werden, der diese Möglichkeiten erkennt.

Als digitales Ökosystem wird dann eine konsistente Interaktion zwischen Organisationen beschrieben, welche digital verbunden sind und sich durch Modularität auszeichnen. Modular aufgebaut bedeuet in in diesem Kontext, dass ein System aus mehreren Systembausteinen zusammengesetzt wird, den einzelnen Modulen.[5] Außerdem ist die Organisation in einem nicht-hierarchischen System ein Kennzeichen, anders als in einer Lieferkette. [6]

In einem solchen „designten Ökosystem kommen Organisationen zusammen und co-spezialisieren miteinander, erschaffen einen Verbund, welcher Kollaborationen zur Folge hat, ohne Konkurrenz hiervon auszuschließen" (sinngemäß übersetzt).[7]

2.1.3 Definition nach dem Ministerium für Wirtschaft, Innovation, Digitalisierung und Energie des Landes Nordrhein-Westfalen

Das Ministerium für Wirtschaft, Innovation, Digitalisierung und Energie des Landes Nordrhein-Westfalen (im Folgenden *Wirtschaftsministerium NRW*) trifft keine klare Definition für Digitale Ökosysteme, sondern benutzt die Begriffe Plattform-Ökonomie und digitale Ökosysteme synonym zueinander.[8] Für die Begriffserklärung werden hier zwei Definitionsansätze zitiert. Das Wirtschaftsministerium NRW übernimmt diese beiden Definitionsansätze. Zum einen derjenige der Europäischen Kommission: "Online platform refers to an undertaking operating in two (or multi)-sided markets, which uses the internet to enable interactions between two

---

[4] Vgl. Trapp, Naab, Rost, Nass, Koch, Rauch 2020
[5] Vgl. Lackes (2018)
[6] Vgl. Jacobides, Sundararajan, van Alyne, Deloitte (2019), S.14
[7] Vgl. Jacobides, Sundararajan, van Alyne, Deloitte (2019), S.15
[8] Vgl. Ministerium für Wirtschaft, Innovation, Digitalisierung und Energie des Landes Nordrhein-Westfalen, o. D.

or more distinct but interdependent groups of users so as to generate value for at least one of the groups.".[9] Zum anderen die des Bundesministeriums für Wirtschaft und Energie (im folgenden BMWi): „Digitale Plattformen sind internetbasierte Foren für digitale Interaktion und Transaktion. Sie werden daher auch als Intermediäre bezeichnet.".[10]

Das Wirtschaftsministerium NRW kommt zu dem Schluss, dass „die Existenz indirekter Netzeffekte sowie die Zwei- oder Mehrseitigkeit der Märkte (…) die zentralen Merkmale der Plattform-Ökonomie darstellen".[11]

2.1.4 Zwischenfazit

In der Literatur und Wirtschaft gibt es diverse Versuche für eine Definition der Begriffe der digitalen Ökosysteme und der Plattform-Ökonomie. Um hier zunächst einmal zu konkretisieren, welche Definition der nachfolgende Hausarbeit zugrunde liegt, werden zunächst die Gemeinsamkeiten dieser Definitionen dargestellt.

Was alle Definitionsansätze gemein haben, ist zunächst, dass sie auf eine digitale Plattform abzielen. Eine digitale Plattform ist ein Forum im Internet, auf welchem Teilnehmer miteinander interagieren können.[12] Diese Plattform wird von einem Anbieter bereitgestellt und stellt die Rahmenbedingungen dar, innerhalb welcher die Marktteilnehmer sich bewegen dürfen.[13] Außerdem muss es sich hier um mehrere Marktteilnehmer handeln, die miteinander eine Transaktion abschließen, sowohl auf der Angebotsseite als auch auf der Anbieterseite. Des Weiteren darf es hier kein hierarchisches Gefälle geben.[14] In dieser Hausarbeit werden unter dieser Maßgabe die Begriffe „Plattform-Ökonomie" und „digitale Ökosysteme" synonym zueinander verwendet.

2.2 Funktionsweise und Modelle digitaler Ökosysteme

Im weiteren Verlauf wird nun die Funktionsweise der vorher beschriebenen Systeme anhand von Praxisbeispielen erläutert. Außerdem werden die technische Funktionalität und praktische Umsetzung sowie die theoretischen Modelle zur Plattform-Ökonomie ausgeführt.

---

[9] Vgl. Europäische Kommission, 2016, S. 5
[10] Vgl. BMWi, 2016, S. 26
[11] Vgl. Ministerium für Wirtschaft, Innovation, Digitalisierung und Energie des Landes Nordrhein-Westfalen, 2020
[12] Vgl. Ministerium für Wirtschaft, Innovation, Digitalisierung und Energie des Landes Nordrhein-Westfalen, 2020
[13] Vgl. Jacobides, Sundararajan, van Alyne, Deloitte (2019), S.15
[14] Vgl. Jacobides, Sundararajan, van Alyne, Deloitte (2019), S.14

Die Bedeutung dieses Sub Trends der Konnektivität wird im darauffolgenden Teilabschnitt mit Kennzahlen zu den im vorherigen Abschnitt benannten Beispielen verdeutlicht.

2.2.1 Theoretische Modelle

Das Prinzip eines Marktplatzes im herkömmlichen Sinne, also ein Ort, an dem mehrere Unternehmen und Händler mit dem Ziel, Waren an Kunden zu verkaufen, zusammenkommen, bleibt bei der Plattform-Ökonomie ähnlich. Auch hier können die Kunden zwischen den Händlern wählen und eine individuelle Kaufentscheidung treffen. Ein digitales Ökosystem entspricht im weiteren Sinne der digitalen Version eines Marktplatzes.[15]

Erste Ideen zu einer Umsetzung von digitalen Ökosystemen gab es bereits im Jahr 2006. Dr. Gerard Briscoe und Philippe de Wilde schrieben bereits 2006 über die Potentiale von digitalen Ökosystemen. Sie bezeichneten als Zentrum hierbei eine digitale Plattform, die von einem Partner bereitgestellt wird und von einem oder mehreren anderen Teilnehmern genutzt wird. Hierdurch sollten die tatsächlichen Bedürfnisse des Kunden befriedigt werden, was in dieser Form ohne ein solches Ökosystem nicht möglich gewesen wäre. Dies geschieht dadurch, dass digitale Ökosysteme einen Skalierungsvorteil haben. Das bedeutet, dass die Kosten bei weiteren Teilnehmern für das System pro Kunde sinken. In einer Simulation, bei welcher eine traditionelle service-orientierte Architektur (im Folgenden SOA) und ein digitales Ökosystem gegenübergestellt wurden, wurde deutlich, dass bei hohen Benutzeranfragen die Performance eines digitalen Ökosystems deutlich besser war als die SOA, welche Vorteile in einem kleineren Benutzeranfragenumfeld hat.[16,17]

---

[15] Vgl. Bundesverband der Deutschen Industrie e.V.,2021, S.63
[16] Vgl. Briscoe, De Wilde, 2006, S.2 ff.
[17] Siehe Anlage 1

Das starke Wachstum digitaler Ökosysteme ist laut Prof. Amrit Tiwana auf fünf Wachstumsträger zurückzuführen. Nach seinem untenstehenden Modell führen das Internet of Things (deutsch = Internet der Dinge), Ubiquity (deutsch = Allgegenwärtigkeit), Deepening Specialization (deutsch = Vertiefte Spezialisierung), Packetization (deutsch = Paketierung) und

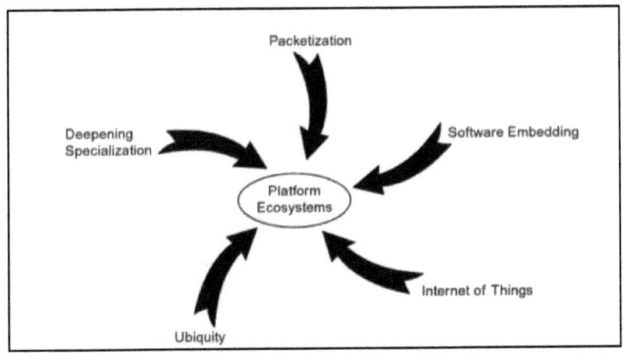

Abbildung 1: Die fünf Treiber der Migration zu Plattform-zentrierten Geschäftsmodellen

Software Embedding (deutsch = eingebettete Software) zum Wachstum der Plattformökonomie.[18]

Diese Trends bedeuten, dass ein solches Ökosystem den Vorteil hat, dass es ein omnipräsentes System ist, welches mehrere einzelne Systeme durch das Internet der Dinge und auf das System angepasste Software vereint. Hierdurch entsteht eine vermehrte Spezialisierung innerhalb des Systems und es hat einen Vorteil gegenüber den herkömmlichen Systemen.[19]

Das Internet of Things (IoT) bezeichnet die selbständige Kommunikation zwischen Maschinen und dem Internet mit dem Ziel Aufgaben für den Besitzer zu erledigen.

Das Thema Modularität wird auch vom World Economic Forum aufgegriffen. Modularität hat zwei entscheidende Vorteile. Erstens ist diese Verfahrensweise deutlich benutzerfreundlicher und so für den Konsumenten einfacher zu nutzen. Je niedriger hier die Markteintrittsschwelle ist, desto eher wird ein solches Produkt von den Kunden angenommen. Als ein weiterer Vorteil wird beschrieben, dass eine Zertifizierung durch eine Drittpartei vereinfacht wird. Durch eine solche Standardisierung und Modularität entsteht eine Vergleichbarkeit zwischen Unternehmen und ihren Produkten. Diese Vereinfachung hilft Unternehmen und

---

[18] Vgl. Tiwana, A. (2013), S. 9 ff.
[19] Vgl. Tiwana, A. (2013), S. 9 ff.

Konsumenten ebenfalls beim Markteintritt und unterstützt die Sicherheit durch eine mögliche Kontrolle bzw. externe Zertifizierung.[20]

Als letzte grundlegende Technologie gilt es das Cloud Computing zu benennen. Cloud Computing umfasst Technologien und Geschäftsmodelle, die IT-Ressourcen dynamisch bereit zu stellen. Damit muss ein Unternehmen keine eigenen Server oder IT-Kapazitäten bereitstellen, sondern kauft diese digital über das Internet ein. Es handelt sich um eine bedarfsorientierte Nutzung dieser externen Ressourcen.[21]

2.2.2 Anwendungsbeispiel digitaler Ökosysteme

Als Beispiel für ein digitales Ökosystem gelten laut Dr. Sebastian Heger der „Amazon-Marketplace" und der „Apple App Store".[22] Hier treten viele verschiedene Anbieter auf einer gemeinsamen Plattform auf und bieten vielfältige Waren/Dienstleistungen an. Exemplarisch ist in Abb. 2 der erwartete Umsatz des Apple App Store abgebildet. Um den Umsatz von 643 Milliarden US-Dollar in ein Verhältnis zu setzen: Das entspricht ungefähr dem zweifachen Bruttoinlandsprodukt von Dänemark im Jahr 2020.[23] An Abb.2 ist ebenfalls zu erkennen, dass

Category	Billings and Sales ($ Billion)	Annual Change
Digital Goods and Services**	$86	+41%
Physical Goods and Services	$511	+24%
In-App Advertising***	$46	+4%
Total	$643	+24%

* Totals may not sum due to rounding.
** Estimated billings and sales from digital goods and services are not the same as total App Store billings. Our estimate also includes the volume of sales from digital goods and services purchased elsewhere but used on apps on Apple devices, and, conversely, subtracts billings from in-app purchases made via the App Store but used elsewhere. The estimate is based on a combination of third-party sources and Apple data. See Appendix for methodology.
*** Estimate of all in-app advertising sales for iOS apps.

Abbildung 2: Estimated Billings and Sales Facilitated by the Apple App Store Ecosystem Worldwide, 2020*

Plattform-Ökonomie ein stark wachsender Bereich ist. So ist hier ein Wachstum von +24 % gegenüber dem Jahr 2019 zu erkennen.[24] In den Umsatz des Apple App Stores zählen alle generierten Umsätze über eine App aus diesem Store ein. Der Amazon Marketplace hat unter

---

[20] Vgl. Jacobides, Sundararajan, van Alyne, Deloitte (2019), S.9
[21] Vgl. Leymann (2018)
[22] Vgl. Heger, Interview, 26.11.2021
[23] Vgl. Statistisches Bundesamt, 2022
[24] Vgl. von Wartburg, Caminade, Borck; Apple, 2021

anderem auch eine eigene App, welche innerhalb des Apple Ökosystems bereitgestellt wird. Die Unternehmen gehen hier eine Zusammenarbeit ein und entwickeln ein Ökosystem. So wird hier eine Plattform erzeugt, auf welcher Unternehmen partizipieren können und gebündelt ihr Angebot den Kunden unterbreiten können.[25]

Abb.3 dient zur weiteren Verdeutlichung der steigenden Relevanz von digitalen Plattform-Unternehmen im Vergleich zu den traditionellen/herkömmlichen Unternehmen. Hier fällt

Firm	Start year	Employees	Market capitalization (billion $)
BMW	1916	131,000	51
Uber	2009	16,000	76
Marriott	1927	177,000	39
Airbnb	2008	10,000	38
Walt Disney	1923	199,000	163
Facebook	2004	35,000	473

Abbildung 3: Market values of digital platform firms vs. comparable traditional firms, 2018

insbesondere auf, dass die modernen digitalen Unternehmen deutlich weniger Mitarbeiter haben und deutlich jünger sind. So sind alle modernen Unternehmen erst nach dem Jahr 2000 entstanden, während die traditionellen Unternehmen deutlich mehr Personal beschäftigen und älter sind – alle >100.000 Mitarbeiter. Außerdem ist die Marktkapitalisierung der Plattform-Unternehmen ähnlich hoch oder sogar höher. Die Börsenwerte dieser Unternehmen sind in den vergangen 20 Jahren um ein Vielfaches gestiegen und haben in dieser doch kurzen Zeit eine höhere Marktkapitalisierung erreicht als die anderen Unternehmen in ca. 100 Jahre. Diese Werte verdeutlichten einerseits die starke Volatilität, aber andererseits das Wachstumspotential dieser und vergleichbarer Unternehmen. Auch der Apple App Store hat mit einem Wachstum von 24 % innerhalb eines Jahres dieses Steigerungspotential veranschaulicht.

---

[25] Vgl. Heger, Interview, 26.11.2021

Ein Anwendungsbeispiel aus dem Bereich der Textilindustrie ist der Amazon Marketplace. Genaue Umsatzzahlen werden von Amazon diesbezüglich nicht veröffentlicht. Hier ist es jedoch möglich, für klein- und mittelständische Unternehmen (im Folgenden KMU) Textilien auf einer gesammelten Plattform zu verkaufen.[26] Als eines der größten Unternehmen im Bereich der Plattform-Ökonomie in der Modeindustrie gilt die Zalando SE. Im Q2 2020 erwirtschaftete der Konzern einen Umsatz von ca. 2 Milliarden Euro und steigerte damit seinen Umsatz gegenüber 2019 auch hier um 27,4 %. In dem Finanzbericht werden außerdem weitere Investitionen angekündigt, da hier noch weiteres Wachstums- und Umsatzpotential zu erwarten ist.[27]

2.3 Zwischenfazit

Unternehmen wie z.B. Uber, AirBNB oder auch Services wie z.B. der Apple App Store gelten als digitale Ökosysteme. Sie zeigen große Wachstumsraten und erreichen höhere Marktkapitalisierungen als herkömmliche etablierte Unternehmen. Sie verstehen sich als Teil einer digitalen Plattform-Ökonomie. Dies bedeutet, dass ein Anbieter eine digitale Plattform mit einer Infrastruktur zur Verfügung stellt. In diesem digitalen Umfeld können dann Anbieter Dienstleistungen oder Waren anbieten und verkaufen. Der Konsument hat hier den Vorteil, bei einer Plattform gebündelt und zu jeder Zeit seinen gesamten Waren- oder Dienstleistungsbedarf abdecken zu können und aus mehreren Anbietern auswählen zu können.

3 Entwicklungen der Digitalisierung und Industrialisierung

Der folgende Abschnitt befasst sich mit Digitalisierung und Industrialisierung. Hierzu wird ein Rückblick auf die vergangen Jahre gegeben und es werden wesentliche Treiber dieser Entwicklung hervorgehoben. Hieraus lassen sich auch Grundlagen für die derzeitige Entwicklung der Digitalisierung ziehen, welche im weiteren Verlauf erläutert wird. Hier werden auch einige Informationen aus dem Interview mit Dr. Sebastian Heger einfließen. Der letzte Teil dieses Abschnitts befasst sich insbesondere mit der deutschen Industrie. Hier werden allgemeine Probleme der Industrie aufgezeigt und auch Lösungs- beziehungsweise

---

[26] Vgl. Amazon Inc. (Zugriff 03.02.2022)
[27] Vgl. Zalando SE (2021)

Zukunftsansätze aufgezeigt, um einen Ausblick auf die kommenden Jahre zu geben. Hier stehen Herausforderungen und Möglichkeiten im Vordergrund. Ein Thema werden hier aktuelle Entwicklungen im Bereich der sogenannten digitalen Welten, z.B. Metaverse, sein.

3.2 Die Digitalisierung oder „digitale Revolution"

Die sogenannte „digitale Revolution" bezeichnet im weiteren Verlauf den zweiten Teil der Digitalisierung, welcher sich seit Beginn des 21. Jahrhunderts vollzieht. Digitalisierung bezeichnet zum einen die digitale Umwandlung oder Darstellung von Information und Kommunikation. Digitalisierung wird jedoch auch im Kontext der „Computisierung" und des „Informationszeitalters" genutzt, also der Automatisierung und Optimierung von Haushalten und vor allem Arbeitsplätzen. Dieser Teil der Digitalisierung war zu Beginn des 21. Jahrhunderts in großen Teilen abgeschlossen in dem Sinne, dass die Nutzung von Computern und computerbasierten Technologien im Alltag angekommen war.[28] Um die Digitalisierung grundlegend zu verstehen, werden im Weiteren die technologischen Entwicklungen aufgezeigt und kurz erläutert.

Zunächst liegt der Grundbaustein der Digitalisierung in den Daten. Daten sind in der Informationstechnologie eine andere Art der Information. Und Information stellt den Kern in der Entwicklung dar. Daher wird häufig auch vom Zeitalter der Information gesprochen. Durch das Internet sind Daten über die Zugangsgeräte – die Computer und andere Endgeräte – zu jeder Zeit zugänglich. Das Internet als solches besteht aus vielen kleineren Netzwerken, die wiederum Daten untereinander austauschen. Eine weitere technologische Entwicklung in diesem Zug sind Algorithmen und algorithmische Systeme. Hiermit sind die Handlungsanweisungen für Computer gemeint. Sie stellen die Grundlage der Automatisierung da. Als Beispiel hierfür ist eine E-Mail zu nennen. Die Automatisierung besteht hier darin, dass der Nutzer nicht mehr den Brief aktiv verschicken muss, sondern der Algorithmus dies für den Nutzer übernimmt. Diese Technologien bilden die Grundlage der Digitalisierung und die Etablierung dieser Systeme komplettiert die erste Phase der Digitalisierung.[29] An diesem Zeitpunkt setzen disruptive Technologien an.

---

[28] Vgl. Bendel, 2021, Digitalisierung
[29] Vgl. Hesse, 2020, S. 6 ff.

„Disruptive Technologien unterbrechen die Erfolgsserie etablierter Technologien und Verfahren und verdrängen oder ersetzen diese in mehr oder weniger kurzer Zeit." [30]

Diese disruptiven Technologien haben zu dem enormen Wachstum von Unternehmen wie dene im Abschnitt zu den Anwendungsbeispielen digitaler Ökosysteme genannten geführt. Als den größten „Markt-Disruptor" beschreibt der Autor Andreas Buhr in „Vertrieb geht heute anders" die digitalen Plattformen. Zu Beginn waren sie noch Grundlage der *Fast Moving*

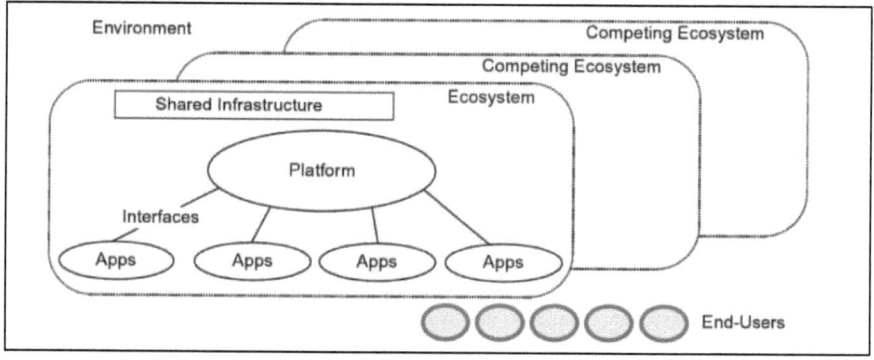

Abbildung 4: Elemente einer Plattform Ökonomie

Consumer Goods (FMCG) – Güter, welche schnell durch den Kunden neu ersetzt werden. Nun handelt es sich um ein omnipräsentes Phänomen der aktuellen Phase der Digitalisierung.[31] Eine Plattform, die sich zu einem vollumfänglichen Ökosystem im Bereich des *Cloud-Computings*, Zahlungsdienstleistungen etc. entwickelt, hat die umfängliche Marktmacht an einem Ort gebündelt. Ein wichtiger Punkt hierbei ist auch die IT-Sicherheit. Diese zu gewährleisten führt ist für Klein- und Mittelständische Unternehmen, aufgrund der hierdurch entstehenden Kosten, schwer zu leisten. Dadurch, dass der Plattformanbieter alleinig die Plattform den Anbietern zur Verfügung stellt, schafft er eine Monopolstellung und erschafft hierdurch ein Abhängigkeitsverhältnis der Händler zu dem Plattform-Anbieter. Wie in Abbildung 4 zu erkennen ist, stellt die Plattform den Händlern (hier Apps) die Infrastruktur zur Verfügung, welche vorgegeben wird.[32] Die Plattformökonomie wird als disruptive Technologie verstanden, da hier die herkömmlichen Dienstleistungs- und serviceorientierten Systeme von dieser Technologie derzeit abgelöst wird und durch rasante Wachstumsraten kleinere Einzelhändler und die Industrie ablösen.[33]

---

[30] Vgl. Bendel, 2021, Disruptive Technologien
[31] Vgl. Buhr, 2019, S. 31
[32] Heger, Interview, 26.11.2021
[33] Heger, Interview, 26.11.2021

3.3 Aktuelle Entwicklungen - Metaverse

Als eine der aktuellen Entwicklungen wird das Thema Metaverse gesehen. Ein Metaversum ist zunächst eine Idee aus dem Bereich der Science-Fiction, welche im Jahr 2021 zur Realität geworden ist. Als Metaverse wird ein virtueller Raum – eine digitale Plattform – verstanden, auf welcher die Menschen sich virtuell verbinden und synchron interagieren können, ohne sich hierbei im realen Leben in einem Raum zu befinden. Das Erlebnis auf dieser Plattform soll einer realen Erfahrung möglichst nah kommen. Man spricht hier auch von einer „virtuellen Realität" (VR).[34] Das Unternehmen Meta, vorher bekannt als Facebook, hat als Ziel die Schaffung dieses Metaverse und hiermit verbunden auch ein vollumfänglich funktionierendes Wirtschaftssystem. Menschen sollen in diesem Metaverse unter anderem ihrer Arbeit nachgehen können, einkaufen gehen etc., ohne hierbei physisch anwesend zu sein.[35] Hier entsteht ein Marktpotential, da innerhalb dieser Plattform-Ökonomie auch unter anderem Textilien in Form von „Non-Fungible-Tokens" (NFT) verkauft beziehungsweise erworben werden können. Als Nutzer dieser Technik gelten Balenciaga und Nike, aber auch andere Luxustextilunternehmen wie z.B. Gucci oder Prada, haben ihre Kollektionen bereits virtuell zugänglich gemacht. Kleidung wird hier in Form eines NFTs, also eines Teils einer „Blockchain", zum Verkauf angeboten. Diese Zahlenreihenfolgen innerhalb einer „Blockchain" sind einmalig und verweisen auf die nächste Zahlenreihenfolge und gelten damit als fälschungssicher.

3.4 Digitalisierung der deutschen Industrie

Der Ausspruch „Das Internet ist für uns Neuland",[36] oder auch Sätze wie „in den mittelständischen Deutschen Unternehmen herrscht wenig Investitionsbereitschaft im Bereich Cloud-Computing oder im Bereich der digitalen Plattformen",[37] zeigen, wo die deutsche Industrie heutzutage steht. Bezeichnend ist hierfür, dass SAP, welches Deutschlands wertvollstes Unternehmen ist,[38] auf Platz 26 der weltweit wertvollsten Technologiekonzerne steht.[39] Deutschland hat keine Konzerne wie Facebook, Apple, Amazon, Netflix oder Google

---

[34] Vgl. Ball, 2020
[35] Vgl. Facebook - Meta, o. D.
[36] Vgl. Merkel, 2013
[37] Heger, Interview, 26.11.2021
[38] Vgl. Börse Frankfurt, Stand 04.02.2022
[39] Vgl. Largest tech companies by market cap, o. D., Zugriff 04.02.2022

(FAANG) hervorgebracht. „Wenn nicht du, dann wer anders", sagt Dr. Heger zur Investitionsbereitschaft des Mittelstandes.

Laut Dr. Heger ist die Digitalisierung in Deutschland unterschiedlich weit fortgeschritten. Während viele Bereiche der Industrie (z.B. Modebranche) in vielen Teilen nicht so weit digitalisiert sind, wie sie sein könnten, ist beispielsweise die Logistik auf dem aktuellen Stand der Technik. Hier werden die Technologien der Industrie 4.0 – z.B. das Internet of Things, Cloud Computing –bereits aktiv genutzt.[40] Seit November 2014 wird eine IoT basierte Lösung bereits im Hamburger Hafen angewandt. Hier wurden alle Vorgänge erfasst und die Daten in Echtzeit an die Spediteure und Dienstleister weitergegeben.[41]

Im Jahr 2019 erstellte die IG-Metall den sogenannten Transformationsatlas, mit dem Ziel das derzeitige Stadium der Digitalisierung in deutschen Unternehmen zu zeigen. So spielt in der Produktion ein Einsatz des IoT in mehr als 30 % der Befragten keine Rolle und wird nur in der 54 % der befragten Unternehmen erprobt oder eingesetzt.[42] Lösungen wie die im Hamburger Hafen sind auch in der Modebranche denkbar, beispielsweise im Vertrieb, in der Logistik und in der Produktion. Schnelligkeit ist auch hier einer der zentralen Punkte für ein erfolgreiches Geschäftsmodell. Weitere Anwendungsmöglichkeiten in der Textil- und Modebranche werden in einem anderen Kapitel genauer erläutert. Potential hat, laut Dr. Heger, noch das Finden neuer Geschäftsmodelle, welche die bisherigen Strukturen aufgreifen und nutzen. Außerdem ist laut Dr. Heger die Digitalisierung zur Industrie 4.0 noch nicht abgeschlossen und bietet hier weiter Potentiale zum Beispiel im Bereich der IT-Sicherheit oder auch im Bereich der Nachhaltigkeit.[43]

4 Branchenstrukturanalyse nach Porter

In diesem vierten Teil der Hausarbeit wird zunächst eine Branchenstrukturanalyse nach Porter erstellt. Auf dieser Basis werden dann im weiteren Verlauf Chancen und Risiken innerhalb der Wirtschaft erarbeitet, um den Markt der Mode- und Bekleidungsindustrie in Bezug auf Plattform-Ökonomie zu sondieren. Zuletzt werden die Ergebnisse zusammengefasst und in den Kontext der Industrie und des derzeitigen Standes der Digitalisierung eingeordnet.

---

[40] Heger, Interview, 26.11.2021
[41] Vgl. Schmitz, 2018
[42] IG Metall, 2021
[43] Heger, Interview, 26.11.2021

Außerdem werden die möglichen, hieraus resultierenden, Strategien nach Porters generischen Wettbewerbsstrategien abgeleitet.

4.1 Branchenstrukturanalyse nach Porter

4.1.1 Theorie nach Porter

Die Branchenstrukturanalyse ist ein Modell aus der Industrieökonomie, welches auf von Michael E. Porter definierten Kräften beruht. Hiermit sollen die Einflüsse aus der externen Umwelt erfasst und eingeordnet werden.

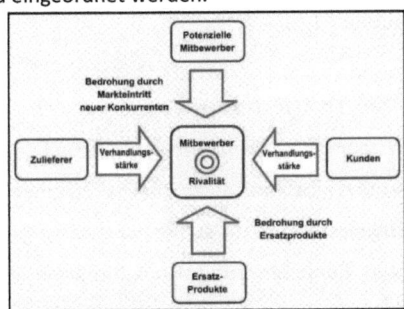

Abbildung 5: Grafik zum fünf Kräfte Modell nach M.E. Porter, Geiß, Kaiserslautern, 2005

Das Ziel dieser Branchenstrukturanalyse ist, das Gewinnpotential einer Branche herauszufiltern. Hierbei werden folgende fünf Kräfte untersucht:

1. *Verhandlungsstärke der Lieferanten*

Hier wird die Gefahr für die Branche durch Lieferanten untersucht. Faktoren hierbei sind zum Beispiel die Konzentration der Lieferanten, also die Anzahl der Lieferanten in Bezug auf die Anzahl der Anbieter der Branche; die Kosten der Lieferanten; die Abhängigkeit der Branche durch die Lieferanten, also die Frage, ob es beispielsweise Ersatzprodukte gibt, die genutzt werden können oder ob die Branche für den Lieferanten unwichtig ist. Aus diesen Faktoren lässt sich die Verhandlungsstärke der Lieferanten schließen. Ist diese hoch, bedeutet das eine geringere Attraktivität der Branche, da hier ein Drohpotential für die Branche entsteht.[44]

2. *Verhandlungsmacht der Abnehmer*

---

[44] Vgl. Porter, 2008, S.82

In diesem Punkt wird die Macht der Abnehmer behandelt. Hier handelt es sich um die konträren Punkte gegenüber der Verhandlungsstärke der Lieferanten. Wenn die Verhandlungsmacht der Abnehmer zunimmt, sinkt gleichzeitig die Verhandlungsstärke der Lieferanten. Auch dies wirkt sich negativ auf die Attraktivität der Branche aus, da hier die Preise und die Qualität durch die Lieferanten gemindert werden. Mögliche Gründe, um Macht auszuüben sind von der Abnehmerseite zum Beispiel der Druck der Abnehmer auf die Lieferanten, wenn diese standardisierte Produkte liefern, also eine leichte Ersetzbarkeit der Produkte gegeben ist, oder dass es nur eine geringe Zahl der Abnehmer gibt und diese einen Preiszwang auf die Lieferanten ausüben können.[45]

3. Rivalität unter den bestehenden Anbietern

Die Rivalität unter bestehenden Anbietern nimmt eine zentrale Bedeutung in dem Modell nach Porter ein. Die Rivalität lässt sich nicht mit Zahlen direkt bestimmen, drückt sich jedoch in mehreren Strategien aus. Die häufigste Variante ist hier der Preiswettbewerb. Mit Mitteln, wie beispielsweise Rabatten oder Garantien zur Leistung, soll ein Vorteil der Position innerhalb des Marktes erzielt werden. Die Rivalität entsteht durch mehrere Anbieter desselben oder eines ähnlichen Produktes. Herrscht eine hohe Rivalität zwischen den Anbietern, ist dies ein Zeichen für einen gesättigten Markt und damit ein Zeichen geringerer Attraktivität der Branche für neue Wettbewerber.

4. Bedrohung durch neue Anbieter

Die Bedrohung der Branche durch neue Markteintritte von Unternehmen beruht auf den Gegebenheiten der Markteintrittsbarrieren. Sie ist die einzige Kraft nach Porter, welche sich nicht auf den derzeitigen Markt bezieht, sondern auf den Markt der Zukunft, welcher trotzdem das Verhalten innerhalb der Branche beeinflusst. Markteintrittsbarrieren bestehen beispielsweise dadurch, dass ein Markteintritt mit hohen Kosten verbunden ist. Weitere Faktoren sind hier die Produktdifferenzierung, da ein Unternehmen Kunden eines Mitbewerbers abwerben muss, indem sich das Produkt eines Unternehmens, von dem der Mitbewerber unterscheidet, und Skaleneffekte, welche ein weiterer Kostenfaktor sind, da ein

---

[45] Vgl. Porter, 2008, S.83

Neueintritt häufig mit anfänglich weniger Stückzahlen verbunden ist und dadurch teurer wird.[46]

5. Bedrohung durch Substitution

Mit Substitutionen sind in diesem Kontext Produkte gemeint, welche aus Kundensicht einen ähnlichen oder vergleichbaren Nutzen mit sich bringen. Hierunter werden Ersatzprodukte im weitesten Sinne verstanden. Die Bedrohung durch diese Produkte ist in einem Markt hoch, wenn diese leicht zugänglich und günstig sind. Außerdem müssen diese Produkte eine ähnliche oder sogar bessere Eigenschaft aufweisen als das herkömmliche Produkt, um eine Bedrohung darzustellen.[47]

Bei der Aufzählung der oben genannte Kräfte wird kein Anspruch auf Vollständigkeit erhoben. Im Rahmen dieser Ausarbeitung werden aber nur die oben aufgeführte Faktoren exemplarisch betrachtet.

4.1.2 Anwendung der Branchenstrukturanalyse

In der folgenden Branchenstrukturanalyse werden die oben genannten Punkte auf die Modebranche bezogen. Hierdurch soll die Grundlage geschaffen werden für eine Einschätzung und Umsetzung des Potentials von digitalen Ökosystemen in der Textil- und Modebranche.

In der Mode- und Textilbranche gibt es viele Anbieter von Waren. Diese Anbieter haben unterschiedliche Distributionsstrategien, welche hier zur Geltung kommen. Hierauf müssen sich die Lieferanten einstellen. Die Branche ist allerdings auch abhängig von den Lieferanten, da die Produkte individuell nach den Vorgaben der bestellenden Unternehmen produziert werden müssen. Allerdings besteht die Möglichkeit, dass falls ein Anbieter mit den Lieferanten unzufrieden ist, er auch die Produkte selbst herstellen kann. Dies ist jedoch für den Anbieter mit erheblichen Kosten verbunden, da hier Logistik, Produktionskosten sowie Anschaffungskosten anfallen. Ein Faktor, welcher die Verhandlungsstärke der Lieferanten schwächt, ist, dass es mehrere Lieferanten gibt, welche um die Angebote der Anbieter im Wettbewerb stehen. Die Rivalität zwischen den Mitbewerbern ist in dieser Branche sehr hoch. Es gibt sehr viele Anbieter von Waren, die in einem ständigen Wettbewerb stehen.

---

[46] Vgl. Bain, 1950, S.3
[47] Vgl. Porter, 1990, S.47

Preiswettbewerb ist hier insbesondere im Fast-Fashion Sektor zu erkennen. Die Unternehmen versuchen hier durch geringe Kosten und einer geringen Marge, möglichst viel zu verkaufen und Marktanteile einzunehmen.[48]

Die Bedrohung durch Substitute ist in diesem Markt ebenfalls hoch, da ein Design ein leicht zugängliches Produkt ist. Es wird nach außen kommuniziert und vermittelt eine Idee der Marke.

Die Bedrohung durch neue Anbieter ist moderat. Mit dem Eintritt sind erhebliche Kosten und Eintrittsbarrieren verbunden, wie beispielsweise den sogenannten Gatekeepern. Hiermit sind Institute in einem Modesystem gemeint, welche die Trends definieren und den Markteintritt für manche Mitbewerber erschweren. Beispiele hierfür waren die japanischen Designer in der französischen Mode.[49] Jedoch ist hier eine Veränderung der Marktstruktur zu erkennen. Durch das Aufkommen von digitalen Ökosystemen wird für neue Anbieter der Markteintritt erleichtert. Auch die Möglichkeit, Mode im digitalen Metaverse von Facebook zu verkaufen, ist einfacher als die herkömmlichen Verkaufsstrategien. Die Infrastruktur für die Anbieter wird zentral von der Plattform bereitgestellt und die Anbieter können diese nutzen, wodurch wie bereits erwähnt durch Cloud-Computing nicht weiter Kapazitäten bereitgestellt werden müssen durch die Unternehmen und so Kosten eingespart werden können. Ein Anbieter müsste ansonsten eigene Clouds bereitstellen. Hier entsteht eine potenzielle Bedrohung der Branche. [50]

Zusammenfassend ist zu erkennen, dass es potenzielle Bedrohungen innerhalb dieses Marktes gibt bezüglich der Lieferanten/Anbieter, Substitute und der Rivalität zwischen den Mitbewerbern. Die Bedrohung durch neue Anbieter ist eher als moderat einzuschätzen, da der Markt bereits gesättigt ist und es hohe Eintrittsbarrieren gibt. Insgesamt ist daher die Textil- und Modebranche als eher unattraktiv für neue Anbieter einzuschätzen. Ein Unternehmen innerhalb der Branche setzt sich einem enormen Konkurrenzdruck und dem Druck sich differenzieren zu müssen aus. Jedoch ist durch eine Veränderung der Struktur der Branche auch die Möglichkeit der Markteintritte neuer Mitbewerber gegeben.

---

[48] Vgl. KPMG, 2015, S.17 ff.
[49] Vgl. Kawamura, 2004/2005
[50] Vgl. EHI Retail Institute, KPMG, HDE e.V., Kantar TNS, 2016, S.8

4.2 Chancen und Risiken

Aus der vorherigen Analyse lassen sich mögliche Chancen und Risiken für die Mode- und Textilindustrie im Hinblick auf digitale Ökosysteme ableiten. Hierzu werden im Folgenden zunächst generelle Chancen und Risiken erörtert. Danach werden die Ergebnisse in Form von möglichen Handlungsanweisungen für verschiedene Geschäftsmodelle dargestellt. Vorab sind hier die Fast-Fashion Industrie, Möglichkeiten für den Handel und als letzter Punkt die Chancen und Risiken für Start-Up Unternehmen zu nennen.

4.2.1 Chancen

Durch die Digitalisierung und den Megatrend der Individualisierung kamen auch neue Geschäftsmodelle auf.[51] Digitale Ökosysteme bieten hier den Vorteil, möglichst schnell auf eine breite Masse an Kunden reagieren zu können.[52] Mögliche Chancen in den Geschäftsmodellen werden hier beispielsweise durch das Unternehmen Nike wahrgenommen, indem es individualisierbare Sneakers herausgebracht hat. Dies bietet dem Unternehmen mehrere Chancen. Man überlässt dem Kunden die Entscheidung und dieser kann sich sein Wunschpaar selbst schaffen. Außerdem kann Nike so Trends analysieren und in einer größeren Stückzahl ein häufig bestelltes Paar verkaufen.[53] Dies ist ein modernes Geschäftsmodell, welches durch Cloud-Computing und Plattformökonomie umgesetzt werden kann. So ist eine Abgrenzung innerhalb des Marktes möglich.[54] Digitale Ökosysteme bieten dem Nutzer zudem die Möglichkeit zu einem Zugang zu einem Markt über das Internet von überall und zu jeder Uhrzeit. Für die Anbieterseite besteht eine Reihe von Möglichkeiten zur Optimierung. So ist es möglich, Anfragen automatisch zu prüfen und Bestellanfragen über das IoT direkt zu verarbeiten. Diese Entwicklung kann Kosten einsparen und zu einer schnelleren Abwicklung führen. Weiter ist ein Geschäftsmodell mit einer künstlichen Intelligenz möglich, die den Konsumenten berät und Vorschläge bezüglich neuer Produkte unterbreiten kann. Der Kunde hat durch die Plattform die Chance, viele Produkte direkt miteinander zu vergleichen und sich direkt auf einer Plattform entscheiden.[55]

Durch mögliche Kosteneinsparungen sind auch Investitionen im Bereich der Nachhaltigkeit denkbar. So können auch in Deutschland Betriebe durch IoT basierte Produktionen

---

[51] Vgl. Zukunftsinstitut, o.D.
[52] Vgl. Briscoe, De Wilde, 2006, S.2 ff.
[53] Vgl. Nike.com, 2022
[54] Heger, Interview, 26.11.2021
[55] Heger, Interview, 26.11.2021

automatisiert und in exakter Stückzahl Waren produzieren und hier sowohl Materialien als auch Mitarbeiter einsparen. Außerdem kann ein Unternehmen so in kürzester Zeit auf den Markt reagieren und die Produktionskapazitäten entsprechend anpassen.[56],[57]

Chancen bestehen auch in der Nutzung der bisherigen etablierten digitalen Plattformen, wie dem Amazon Marketplace oder auch dem Apple App Store. Die Produkte können hier über die von Apple und Amazon bereitgestellte Infrastruktur an eine breitere Kundschaft weitergegeben werden, als es durch herkömmliche eigene Systeme möglich wäre, da hier die Zahl der Nutzer im Vergleich zu den Nutzerzahlen eines einzelnen Unternehmens deutlich größer ist.[58] Auch die Wachstumszahlen von Online-Händlern wie der Ottokonzerntochter About You oder die bereits benannten Zahlen von Zalando verdeutlichen hier das Potential und die Chancen innerhalb dieses Marktes. About You hat innerhalb des vergangenen Jahres eine Umsatzsteigerung von über 50 % erzielt und gilt damit als eine der am schnellsten wachsenden Mode-Plattformen in Europa.[59] Der Kunde kann aus einer breiten Palette an Produkten und Marken mit möglichst kurzen Lieferzeiten entscheiden.

Neue Marktchancen ergeben sich auch durch das Wachstum der virtuellen Realität, wie beispielsweise Facebooks Metaverse. Modeunternehmen können hier einen neuen, bisher noch wenig gesättigten Markt erschließen. Dies bietet neue Umsatzpotentiale und kann einen Teil der Zukunft darstellen. Bezeichnend hierfür ist die komplett im Metaverse stattfindende Fashion Week im März 2022. Mode soll hier für die Avatare erstellt werden, welche die Nutzer in dieser digitalen Welt ist repräsentieren. Mit dem Wachstum der digitalen Welten/Plattformen wird auch in Zukunft der Markt für diese Form der Mode wachsen und es handelt sich bereits heute schon um einen Markt, in welchem mehrere Millionen US-Dollar umgesetzt werden.[60]

4.2.2   Risiken

Insbesondere im deutschen Markt ist die Digitalisierung, wie bereits beschrieben, nicht sehr weit fortgeschritten. Mögliche Sicherheitsrisiken bezüglich der Datensicherheit bestehen aber, laut Dr. Heger, insbesondere durch mangelnde Medienkompetenz der Mitarbeiter.

---

[56] Kort, 2018
[57] Vgl. Bundeszentrale zur politschen Bildung, 2020, S. 38
[58] Vgl. Jacobides, Sundararajan, van Alyne, Deloitte 2019, S.8
[59] Vgl. Umsatzprognose AboutYou, 2021
[60] Vgl. Ellwood, Bloomberg, 2021

Neben den direkten Gefahren durch menschliche Fehler entstehen auch Risiken innerhalb des Marktes. Durch Unternehmen wie Amazon oder Apple, welche einen großen Marktanteil haben, entsteht ein Abhängigkeitsverhältnis. Diese Unternehmen haben Kapazitäten und technische Vorteile und können so dem Markt eine Richtung vorgeben. Hierdurch entsteht die Gefahr von Ungleichheit und des Entstehens eines Monopols. Außerdem sind die Kerne dieser digitalen Plattformen kompliziert und daher schwer zu regulieren. Aufgrund der fehlenden Regulierung und staatlichen Kontrolle von Unternehmen wie Facebook, Amazon, Apple, Netflix und Google (FAANG) besteht auch die Gefahr, dass Nutzerverhalten aktiv beeinflusst wird und einige Unternehmen innerhalb dieses Wettbewerbs ausgegrenzt und benachteiligt werden.[61]

Auch kritisch und als Risiko für die Branche zu bewerten sind das Nutzerverhalten und die sozialen Risiken mit der Einführung des Metaverse. Eine rein digitale Welt, in welcher die Menschen ihrer Arbeit nachkommen können, stellt auch die Gesellschaft vor eine Herausforderung. Hiermit verbunden sind auch Investitionsleistungen von Unternehmen, welche von klein- und mittelständischen Unternehmen nur schwer umzusetzen sind. Auch ist dies eine Form der Digitalisierung, welche für Unternehmen, die bisher bereits die Digitalisierung verpasst haben, schwer umzusetzen ist.[62] Außerdem gehen auch bürokratische Hürden in Deutschland mit der neuen Technik einher.[63]

4.3 Anwendungsmöglichkeiten

Als unumgänglich wird die Nutzung moderner Technologien gesehen, um auf Dauer im internationalen Wettbewerb erfolgreich zu sein. Essenziell für die deutsche Industrie sind daher die Nutzung neuer Geschäftsmodelle und die Erhöhung der Investitionsbereitschaft der mittelständischen Unternehmen. Den hauptsächlichen wirtschaftlichen Erfolg verdankt Deutschland einer souveränen mittelständischen Industrie, daher ist dieser Wirtschaftsbereich besonders zu fördern. Automatisierungen und Digitalisierung sind hier von zentraler Bedeutung.[64]

Eine weitere Anwendungsmöglichkeit, welche jedoch auch Risiken darstellt, ist die Erschließung des neuen Marktes der virtuellen Realitäten. Da dies ein neuer Markt ist, sind

---

[61] Vgl. Jacobides, Sundararajan, van Alyne, Deloitte 2019, S. 17
[62] Heger, Interview, 26.11.2021
[63] Vgl. Bundeskartellamt, 2016, S. 103
[64] Vgl. Bundeszentrale zur politischen Bildung, 2020, S. 38

hier noch nicht mögliche Regulierungen bekannt oder das Risiko, dass dieser Trend von den Konsumenten nicht angenommen wird. Unternehmen können Mode rein online für diverse Avatare anbieten. Hier können starke Wachstumsraten genutzt werden, um an aktuellen Trends und Entwicklungen zu partizipieren. Wie in der Statistik (Anlage 2) von Statista zu erkennen ist, bietet der Markt der „augmented reality" (AR) und „virtual reality" VR insbesondere im europäischen Raum Wachstumspotenziale. AR und VR sind eng verknüpft mit dem Metaverse und bilden die technische Grundlage der Technik.[65]

5 Fazit

Mit dieser Hausarbeit sollte ein umfassender Überblick über digitale Ökosysteme und Plattformökonomie gegeben werden. Außerdem sollten mögliche Anwendungsbeispiele im Bereich der Mode- und Textilbranche herausgearbeitet werden.

Mithilfe von Definitionsansätzen bezüglicher Plattformökonomie und einer Branchenstrukturanalyse nach Michael E. Porter und einer detaillierten Untersuchung der Chancen und Risiken wurden die Möglichkeiten und die Funktionsweise von digitalen Ökosystemen im Kontext eingeordnet.

Die zentralen Punkte eines digitalen Ökosystems sind der Plattformcharakter und das Zusammenwirken von mehreren Marktteilnehmern innerhalb eines digitalen Forums. Hierbei arbeiten die Anbieter zusammen, ohne einen Wettbewerb auszuschließen. Es gibt einen zentralen Anbieter, welcher die Infrastruktur der Plattform bereitstellt.

Die Ergebnisse der Branchenstrukturanalyse sind, dass die Modebranche eine eher unattraktive Branche ist, da es hier viele Mitbewerber gibt und die Produkte leicht zu substituieren sind. Außerdem besteht die Möglichkeit des Wandels innerhalb der Branche, wodurch der Markteintritt neuer Mitbewerber vereinfacht wird.

Hier entstehen aber dennoch die Anwendungsmöglichkeiten von digitalen Ökosystemen im Bereich der Modeindustrie. Neue technologische Entwicklungen wie die Metaverse Plattform oder das Wachstum von Plattformökonomien wie Zalando zeigen Wachstumspotenziale im Bereich der Modebranche.

Das Thema der digitalen Ökosysteme ist viel diskutiert und noch ein junges Forschungsfeld. Es gibt noch nicht viele Forscher, die sich speziell mit den derzeitigen Entwicklungen in der

---

[65] Vgl. Statista, 2021

Theorie auseinandersetzen. Die vorliegende Hausarbeit stellt hauptsächlich die Entstehung und Funktionsweise von digitalen Ökosystemen dar und versucht den Zusammenhang zu den Entwicklungen der deutschen Industrie und Modebranche herzustellen. Daher kann es sinnvoll sein, in einer weiterführenden Ausarbeitung Praxistests durchzuführen und diese Untersuchung auf weitere Länder und Regionen auszuweiten.

Anlagen

Anlage 1:

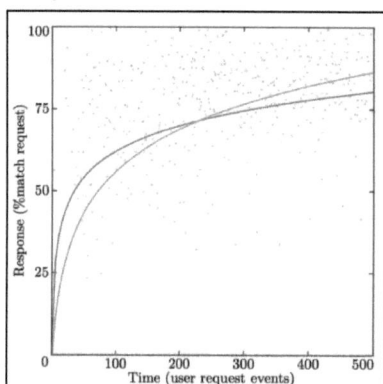

Abbildung 6:Graph of the performance of the digital Ecosystem against a traditional SOA based System

Quelle:Briscoe, Gerard/Philippe de Wilde: Digital Ecosystems: Evolving Service-Oriented

Architectures, 2009, https://arxiv.org/pdf/0712.4102.pdf

Anlage 2:

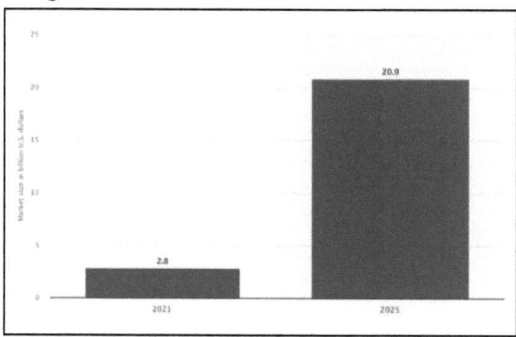

Abbildung 7: Augmented reality (AR) and virtual reality (VR) market size in Europe in 2021 and 2025 (Quelle Statista)

Quelle: IDC. (May 21, 2021). Augmented reality (AR) and virtual reality (VR) market size in Europe in 2021 and 2025 (in billion U.S. dollars) [Graph]. In Statista. Retrieved February 05, 2022, from https://www.statista.com/statistics/1121370/european-augmented-virtual-reality-market-size/

Quellenverzeichnis

1. Gespräch mit Dr. Sebastian Heger

   Dr.-Ing. Sebastian Heger promovierte 2020 an der Universität Augsburg im Bereich Wirtschaftsinformatik. Der Kontakt kam über LinkedIn zustande und wir haben dann am 26.11.2021 uns per Videochat getroffen und ausgetauscht. Im Einzelnen sprachen wir über:

   - Amazon Marketplace/ Apple App Store / Insuretech -Hub
   - Facebook´s Metaverse
   - Deutschen Mittelstand im Hinblick auf Digitalisierung
   - Medienkompetenz
   - IT-Security
   - Seinen Artikel „Auf dem Weg zu Industrie 5.0" (erschienen in der it&t business 11/2021)

2. Amazon.com: Sell Products Online with Selling on Amazon. (o. D.). Amazon. Abgerufen am 3. Februar 2022, von https://www.amazon.com/-/de/b/?_encoding=UTF8&ld=AZUSSOA-sell&node=12766669011&ref_=nav_cs_sell

3. Andreas Boes, Barbara Langes: Die Cloud und der digitale Umbruch in Wirtschaft und Arbeit, 2019, Haufe Group

4. Apple. (2021a, Dezember 2). Apple Entwickler:innen stellen sich den Herausforderungen während der Pandemie und steigern die Verkäufe und Umsätze, die das App Store-Ökosystem ermöglich hat, um 24 Prozent auf 643 Milliarden US-Dollar im Jahr 2020. Apple Newsroom (Deutschland). Abgerufen am 29. Dezember 2021, von https://www.apple.com/de/newsroom/2021/06/apple-developers-grow-app-store-ecosystem-billings-and-sales-by-24-percent-in-2020/

5. Apple. (2021b, Dezember 2). Apples App Store-Ökosystem ermöglichte 2019 ein Gesamtvolumen an Handelsaktivitäten in Höhe von mehr als einer halben Billion US-Dollar. Apple Newsroom (Deutschland). Abgerufen am 29. Dezember 2021, von https://www.apple.com/de/newsroom/2020/06/apples-app-store-ecosystem-facilitated-over-half-a-trillion-dollars-in-commerce-in-2019/

6. Ball, Matthew: The Metaverse: What It Is, Where to Find it, and Who Will Build It, in: MatthewBall.vc, 07.11.2021, https://www.matthewball.vc/all/themetaverse (abgerufen am 05.02.2022).

7. BDI e.V./Steven Heckler/Thomas Koenen: Deutsche digitale B2B-Plattformen, in: BDI e.V. Publikationen, 02.11.2021, https://bdi.eu/publikation/news/deutsche-digitale-b2b-plattformen-2021/ (abgerufen am 05.02.2022).

8. Bendel, O. (2021, 13. Juli). Digitalisierung Definition. Gabler Wirtschaftslexikon. https://wirtschaftslexikon.gabler.de/definition/digitalisierung-54195

9. Bendel, O. (2021b, Juli 13). Industrie 4.0. Gabler Wirtschaftslexikon. https://wirtschaftslexikon.gabler.de/definition/industrie-40-54032

10. Bitkom e.V.: Deutsche Unternehmen ignorieren Plattform-Ökonomie, in: Bitkom e.V., o. D., https://www.bitkom.org/Presse/Presseinformation/Deutsche-Unternehmen-ignorieren-Plattform-Oekonomie.html (abgerufen am 05.02.2022).

11. Boes, Andreas/Barbara Langes: Die Cloud und der digitale Umbruch in Wirtschaft und Arbeit: Strategien, Best Practices und Gestaltungsimpulse (Haufe Fachbuch), 1. Auflage 2019, Haufe-Lexware, 2019 (E-Book)

12. Briscoe, Gerard/Philippe de Wilde: Digital Ecosystems: Evolving Service-Oriented Architectures, 2009, https://arxiv.org/pdf/0712.4102.pdf, S. 1–9.

13. Buhr, A. (2019). Vertrieb geht heute anders [E-Book]. Beltz Verlag.

14. Bundeszentrale für politische Bildung/bpb, Christine Hesse, Laura Gerken, Jutta Klaeren, 03.2020, Heft 344 „Digitalisierung"

15. Deloitte/Michael G. Jacobides/Arun Sundararajan/Marshall van Alstyne: Platforms and Ecosystems: Enabling the Digital Economy, in: World Economic Forum, 02.2019, http://reports.weforum.org/digital-transformation/wp-content/blogs.dir/94/mp/files/pages/files/digital-platforms-and-ecosystems-february-2019.pdf (abgerufen am 05.02.2022).

16. Die Megatrend-Map: in: Zukunftsinstitut, 2021, 11.01.2022, https://www.zukunftsinstitut.de/artikel/die-megatrend-map/ (abgerufen am 05.02.2022).

17. Digitale Plattformen als Infrastruktur der Zukunft: Konferenz Vizions by Zalando am 20. April 2017 in Berlin: in: Zalando Corporate Website, o. D., https://corporate.zalando.com/de/newsroom/de/pressemitteilungen/digitale-plattformen-als-infrastruktur-der-zukunft-konferenz-vizions (abgerufen am 05.02.2022).

18. Europäische Agenda für die kollaborative Wirtschaft: in: EUROPÄISCHE KOMMISSION, 02.06.2016, https://eur-lex.europa.eu/legal-content/DE/TXT/PDF/?uri=CELEX:52016DC0356&from=EN (abgerufen am 05.02.2022).

19. Facebook - Meta: in: Facebook, o. D., https://www.facebook.com/meta (abgerufen am 03.02.2022).

20. Frankhauser, L. & Hochschule Luzern Design und Kunst. (2019). Mode rezipiert Mode. https://portfoliodb.hslu.ch/files/ec991bfd-dd6c-4510-8f90-3c223318bda4

21. Fraunhofer-Institut für Experimentelles Software Engineering IESE. (o. D.). Digitale Ökosysteme, Plattformen und Plattformökonomie. www.iese.fraunhofer.de. Abgerufen am 28. Dezember 2021, von https://www.iese.fraunhofer.de/de/leistungen/digitale-oekosysteme.html

22. IFH Köln/Bundesverband des Deutschen Textileinzelhandels (BTE): Fashion 2025: Studie zur Zukunft des Fashion-Markts in Deutschland, in: KPMG AG Wirtschaftsprüfungsgesellschaft, 2015, https://assets.kpmg/content/dam/kpmg/pdf/2015/12/fashion-studie-dez-2015.pdf, S. 1 ff.

23. IG Metall. (2021, 8. November). Transformationsatlas. Abgerufen am 28. Dezember 2021, von https://www.igmetall.de/download/20190605_20190605_Transformationsatlas_Pressekonferenz_f2c85

24. Klein, Andreas/Markus Kottbauer: Strategien erfolgreich entwickeln und umsetzen: Konzepte - Controllinginstrumente - Praxisbeispiele (Haufe Fachbuch), 1. Auflage 2017, Haufe, 2017 (E-Book)

25. Klesper, Ann-Christine: Hebt Umsatzprognose nach starkem zweiten Quartal, in: ABOUT YOU, 28.09.2021, https://corporate.aboutyou.de/de/presse/about-you-hebt-umsatzprognose-nach-starkem-zweiten-quartal (abgerufen am 05.02.2022).

26. Kort, Katharina: Von Levi's bis Adidas – Roboter erobern die Textilindustrie, in: Handelsblatt, 04.03.2018, https://www.handelsblatt.com/unternehmen/handel-konsumgueter/automatisierung-von-levis-bis-adidas-roboter-erobern-die-textilindustrie/21026140.html?ticket=ST-7850570-BtNuKoaC214t6CsePBcc-ap3 (abgerufen am 05.02.2022).

27. Krippendorf, Walter/Gregor Holst/Ursula Richter: Branchenanalyse Textilindustrie. Untersuchungen zur Situation und Entwicklung der Branchen „Textilgewerbe", in: IMU-Institut Berlin GmbH, 05.2009, https://www.imu-berlin.de/wp-content/uploads/2017/07/IMU_Textil_Kurzstudie.pdf (abgerufen am 05.02.2022).

28. Lackes, R (19.02.2018) Definition Modul, Gabler Wirtschaftslexikon, https://wirtschaftslexikon.gabler.de/definition/modul-40077/version-263472

29. Lackes, R. (2018, 19. Februar). Internet der Dinge. Gabler Wirtschaftslexikon. https://wirtschaftslexikon.gabler.de/definition/internet-der-dinge-53187

30. Largest tech companies by market cap: in: Companies Marketcapitalization, o. D., https://companiesmarketcap.com/tech/largest-tech-companies-by-market-cap/ (abgerufen am 04.02.2022).

31. Luxury Brands Are Already Making Millions in the Metaverse: in: Bloomberg, 09.12.2021, https://www.bloomberg.com/tosv2.html?vid=&uuid=91e6ee49-8676-11ec-a3bf-535364466e67&url=L25ld3MvYXJ0aWNsZXMvMjAyMS0xMi0wOS9sdXh1cnktZmFzaGlvbi1icmFuZHMtYXJlLWFscmVhZHktbWFraW5nLW1pbGxpb25zLWluLXRoZS1tZXRhdmVyc2U= (abgerufen am 05.02.2022).

32. Marktmacht von Plattformen und Netzwerken: in: Bundeskartellamt, 06.2016, https://www.bundeskartellamt.de/SharedDocs/Publikation/DE/Berichte/Think-Tank-Bericht.pdf%3F__blob%3DpublicationFile%26v%3D2 (abgerufen am 05.02.2022).

33. Ministerium für Wirtschaft, Innovation, Digitalisierung und Energie des Landes Nordrhein-Westfalen: Plattform-Ökonomie | WIRTSCHAFT.NRW, in: Wirtschaftsministerium NRW, o. D., https://www.wirtschaft.nrw/plattform-oekonomie (abgerufen am 01.02.2022).

34. Ministeriums für Wirtschaft, Innovation, Digitalisierung und Energie des Landes Nordrhein- Westfalen. (2020, Dezember). B2B-Plattformen in Nordrhein-Westfalen: Potenziale, Hemmnisse und Handlungsoptionen. https://www.wirtschaft.nrw/sites/default/files/asset/document/gutachten_b2b-plattformen.pdf

35. Münger, Alfred: Kreislaufwirtschaft als Strategie der Zukunft: Nachhaltige Geschäftsmodelle entwickeln und umsetzen (Haufe Fachbuch), 1. Auflage 2021, Haufe, 2021 (E-Book)

36. Naab, Matthias: Digitale Ökosysteme und Plattformökonomie – Wie positioniere ich mein Unternehmen und wie gelingt der Start?, in: Fraunhofer IESE, 30.11.2021,

https://www.iese.fraunhofer.de/blog/digitale-oekosysteme-und-plattformoekonomie-unternehmen-positionieren-und-starten/ (abgerufen am 01.02.2022)

37. Porter, M. E. (2008): The Five Competitive Forces That Shape Strategy, in: Harvard Business Review, Januar 2008

38. Schmitz, Andreas: Internet of Things im Hamburger Hafen, in: SAP News Center, 19.06.2018, https://news.sap.com/germany/2015/05/iot-im-hamburger-hafen/ (abgerufen am 04.02.2022).

39. Tiwana, Amrit. Platform Ecosystems: Aligning Architecture, Governance, and Strategy. Netherlands: Elsevier Science, 2013.

40. Trapp, Marcus/Matthias Naab/Dominik Rost/Claudia Nass/Matthias Koch/Bernd Rauch: Digitale Ökosysteme und Plattformökonomie: Was ist das und was sind die Chancen?, in: Informatik Aktuell, 2020, https://www.informatik-aktuell.de/management-und-recht/digitalisierung/digitale-oekosysteme-und-plattformoekonomie.html (abgerufen am 01.02.2022)

41. Wichtige Indikatoren zu Wirtschaft und Finanzen. (2022). [Datensatz]. Statistisches Bundesamt. https://www.destatis.de/Europa/DE/Thema/Basistabelle/Wirtschaft-Finanzen.html

42. Zalando beschleunigt Ausbau der Plattform nach herausragendem Wachstum: in: Zalando Corporate Website, o. D., https://corporate.zalando.com/de/investor-relations/news-storys/zalando-beschleunigt-ausbau-der-plattform-nach-herausragendem (abgerufen am 03.02.2022)

Abbildungsverzeichnis

Abbildung 3: Deloitte/Michael G. Jacobides/Arun Sundararajan/Marshall van Alstyne: Platforms and Ecosystems: Enabling the Digital Economy, in: World Economic Forum, 02.2019, http://reports.weforum.org/digital-transformation/wp-content/blogs.dir/94/mp/files/pages/files/digital-platforms-and-ecosystems-february-2019.pdf (abgerufen am 05.02.2022)

<u>Abbildung 4:</u> Tiwana, Amrit. Platform Ecosystems: Aligning Architecture, Governance, and Strategy. Netherlands: Elsevier Science, 2013

<u>Abbildung 5:</u> Von Branchenstrukturmodell-Five-forces.png: User Kwamikagami on en.wikipediaderivative work: Omerzu - Diese Datei wurde von diesem Werk abgeleitet: Branchenstrukturmodell-Five-forces.png:, CC BY 3.0, https://commons.wikimedia.org/w/index.php?curid=39104194

<u>Abbildung 6:</u> Briscoe, Gerard/Philippe de Wilde: Digital Ecosystems: Evolving Service-Oriented Architectures, 2009, https://arxiv.org/pdf/0712.4102.pdf

Abbildung 7: IDC. (May 21, 2021). Augmented reality (AR) and virtual reality (VR) market size in Europe in 2021 and 2025 (in billion U.S. dollars) [Graph]. In Statista. Retrieved February 05, 2022, from https://www.statista.com/statistics/1121370/european-augmented-virtual-reality-market-size/